Die Pille gegen* das Grubenunglück von Springhill und 104 andere Gedichte von Richard Brautigan

* (Das »gegen« im Titel dieses Buches ist eine unkorrekte
Übersetzung des »versus« in der Originalfassung,
die dem Übersetzer merkwürdigerweise
erst sehr spät aufgefallen ist.
Zu spät, denn er mag den Titel inzwischen so gern,
daß er sich außerstande sieht,
ihn noch zu ändern —
ganz im Sinne von Richard Brautigans Gedicht

Der Amelia Earhart Pfannkuchen

Ich kann einfach kein Gedicht finden
für diesen Titel.
Ich habe jahrelang nach einem gesucht,
und jetzt geb' ich auf.)

Prosa

RICHARD BRAUTIGAN, geboren 1935, lebte in San Francisco. Er starb 1984 in Bolinas. Außer diesem Buch veröffentlichte er (amerikanische Ausgaben, ältere deutsche Ausgaben, Werkausgabe im Eichborn Verlag):

Trout Fishing in America, 1967 (Forellenfischen in Amerika, 1971, Neuausgabe in der Übersetzung von Günter Ohnemus 1987, Eichborn Verlag);

A Confederate General from Big Sur, 1964 (Ein konföderierter General aus Big Sur, 1979);

The Abortion: An Historical Romance 1966, 1970 (Die Abtreibung, Eine historische Romanze 1966, 1978, Neuausgabe 1984, Eichborn Verlag);

In Watermelon Sugar, 1968 (In Wassermelonen Zucker, 1970);

Revenge of the Lawn, 1971 (Die Rache des Rasens, 1978);

The Hawkline Monster: A Gothik Western, 1974 (Das Hawkline Monster, Ein seltsamer Western, Deutsche Erstausgabe 1986, Eichborn Verlag);

Willard and His Bowling Trophies: A Perverse Mystery, 1975 (Willard und seine Bowlingtrophäen: Ein perverser Kriminalroman, 1982);

Sombrero Fallout: A Japanese Novel, 1976;

Dreaming of Babylon: A Privat Eye Novel 1942, 1977 (Träume von Babylon: Ein Detektivroman 1942, Deutsche Erstausgabe 1986, Eichborn Verlag);

The Tokyo-Montana Express, 1980 (Tokio-Montana-Express, Deutsche Erstausgabe 1987, Eichborn Verlag);

So the Wind Won't Blow It All Away, 1982.

Gedichte

Rommel Drives on Deep into Egypt, 1970;
Loading Mercury with a Pitchfork, 1976;
June 30th, June 30th, 1981.

Der Verlag wird in halbjährlicher Folge bis 1991 alle Bücher Richard Brautigans in deutscher Übersetzung vorlegen.

Die Pille gegen das Grubenunglück von Springhill und 104 andere Gedichte

von

RICHARD BRAUTIGAN

AUSGEWÄHLT UND ÜBERTRAGEN VON GÜNTER OHNEMUS

EICHBORN VERLAG
1987

Die Geschichte *Das literarische Leben in Kalifornien/1964*
ist Richard Brautigans Kurzgeschichtensammlung
Die Rache des Rasens entnommen.
Das *Gedicht für eine im Zeichen der Jungfrau Geborene*
drucken wir mit freundlicher Genehmigung des Diogenes Verlags, Zürich, ab.
Es ist Alfred Andersch Gedichtband *empört euch der himmel ist blau / Gedichte und Nachdichtungen 1946—1977* entnommen.

Cover: Uwe Gruhle unter Verwendung eines Gemäldes von Henri Schmid
Gesamtherstellung: Fuldaer Verlagsanstalt GmbH
ISBN 3-8218-??
Verlagsverzeichnis schickt gern: Eichborn Verlag, D-6000 Frankfurt 70

CIP-Kurztitelaufnahme der Deutschen Bibliothek

Brautigan, Richard:
Die Pille gegen das Grubenunglück von Spring Hill
und 104 andere Gedichte / Richard Brautigan. Aus
d. Amerikan. übers. von Günter Ohnemus. –
Frankfurt am Main: Eichborn, 1987.
Einheitssacht.: The pill versus the Springhill
mine disaster ‹dt.›
ISBN 3-8218-0155-7

Gedicht für eine im Zeichen der Jungfrau Geborene

hilda
ich halt mich dran
will ein gedicht machen
zum preis deiner
schönen energie
und weil ich mag wie du
jungfrau   spröd
        deine wege gehst

entschuldige
is ja blöd   aber ich glaub
das war's schon
        mein gedicht

(übertragen von Alfred Andersch)

Inhalt

Statt eines Vorworts: Das literarische Leben in Kalifornien/1964

1

Gestern abend saß ich in einem Lokal an der Bar und unterhielt mich mit einem Freund, der von Zeit zu Zeit zu seiner Frau hinunterschaute, die etwas weiter weg saß. Sie waren schon seit zwei Jahren auseinander: keine Hoffnung.

Sie schäkerte mächtig mit einem Mann herum, und es sah so aus, als hätten sie eine Menge Spaß dabei.

Mein Freund wandte sich dann wieder zu mir und erkundigte sich nach zwei von meinen Gedichtbänden. Ich bin ja kein Lyriker der ersten Garnitur, aber trotzdem stellen mir die Leute manchmal solche Fragen.

Er sagte, er hätte die Bücher mal besessen, aber jetzt hätte er sie nicht mehr. Sie wären weg. Ich sagte ihm, daß eins davon vergriffen wäre, und daß er das andere in der City-Lights-Buchhandlung bekommen könnte.

Er warf einen langen Blick zu seiner Frau hinunter. Sie lachte gerade über etwas, was der Mann gesagt hatte, der daraufhin sehr mit sich zufrieden war, und wie das eben so geht.

»Ich muß dir ein Geständnis machen«, sagte mein Freund. »Weißt du noch, wie ich mal nachts von der Arbeit nach Hause gekommen bin und dich und meine Frau mit einem Wermutrausch in der Küche gefunden hab?«

Ich erinnerte mich noch an den Abend, obwohl nichts passiert war. Wir saßen einfach da in der Küche, hörten uns Platten an und hatten einen Wermutrausch. Es gab wahrscheinlich Tausende wie uns überall in Amerika.

»Naja, und als du dann weg warst, hab ich die beiden Gedichtbände aus dem Bücherregal geholt und hab sie zerrissen und die Fetzen auf den Boden geworfen. Die Bücher waren völlig hin. Niemand, auch Gott nicht, hätte hier noch zusammenfügen können, was der Mensch zerrissen hatte.«

»Das sind erst zwei«, sagte ich.

»Was?« fragte er.

Er war ein wenig betrunken. Vor ihm auf der Bar standen drei leere Bierflaschen. Die Etiketten waren sorgfältig weggekratzt.

»Ich schreib die Bücher bloß«, sagte ich. »Ich bin nicht der Hüter ihrer Seiten. Ich kann mich doch nicht ewig um sie kümmern. Das wär ja glatter Unsinn.«

Ich war auch schon ein wenig betrunken.

»Ist ja auch egal«, sagte mein Freund. »Ich hätte die beiden Bücher gern wieder. Wo kann ich sie denn kriegen?«

»Das eine ist schon seit fünf Jahren vergriffen, und das andere bekommst du bei City Lights«, sagte ich, während ich in meinem Kopf flink zusammensetzte und filmte, was damals noch passiert war, nachdem ich aus der Küche war und nach Hause ging, vom Wermut warm und leuchtend wie eine Laterne.

Was er noch zu ihr gesagt hat, bevor er die Gedichtbände holte und zerfetzte. Was sie sagte, was er sagte, welches Buch zuerst dran kam, auf welche Art er es zerrissen hat. Ich sah das alles vor mir: wirklich, eine wunderbar heilsame Freveltat, und was dann noch alles drankam.

2

Vor einem Jahr sah ich bei City Lights, wie sich jemand eins meiner Gedichtbücher anschaute. Das Buch gefiel ihm, aber in seinem Gefallen lag ein gewisses Zögern.

Er schaute sich den Umschlag wieder an, dann blätterte er die Seiten wieder durch. Er hielt die Seiten an, als wären sie Uhrzeiger, und er freute sich jedesmal darüber, wie spät es grade war. Er las ein Gedicht um sieben Uhr. Dann kam dieses Zögern wieder und warf seine Schatten auf die Zeit.

Er stellte das Buch ins Regal zurück, dann zog er es wieder heraus. Das Zögern war jetzt zu einer Art nervöser Energie geworden.

Schließlich langte er in seine Tasche und nahm ein Centstück heraus. Dann klemmte er das Buch in seine Armbeuge. Das Buch war jetzt ein Nest, und die Gedichte waren Eier. Er warf das Centstück in die Luft, fing es auf und klatschte es auf seinen Handrücken. Dann zog er die obere Hand weg.

Er stellte den Gedichtband ins Regal zurück und verließ die Buchhandlung. Er wirkte sehr entspannt, als er hinausging. Ich ging rüber, wo er gestanden hatte, und da lag sein Zögern auf dem Fußboden.

Es war wie Lehm, aber nervös und zuckig. Ich steckte es in die Tasche. Ich nahm es mit nach Hause und formte das hier draus, weil ich nichts Besseres mit meiner Zeit anzufangen wußte.

Aus:
The Pill Versus the Springhill Mine Disaster

Das schöne Gedicht

Ich geh jetzt in Los Angeles ins Bett
und denk an dich.

Vorhin beim Pinkeln
hab ich liebevoll auf meinen Penis
hinuntergeschaut.

Ich weiß, daß er heute
zweimal in dir drin war, und ich
fühl mich sehr schön.

3 Uhr morgens
15. Januar 1967

Karma Reparaturausrüstung: Teile 1–4

1. Besorg dir genug zu essen,
   und iß es.

2. Such dir einen ruhigen Platz zum Schlafen,
   und schlaf da.

3. Reduziere intellektuellen und emotionalen Lärm
   bis du zu deiner eigenen Stille kommst,
   und hör ihr zu.

4.

San Francisco

Dieses Gedicht wurde von Richard Brautigan in einem Waschsalon in San Francisco gefunden; es war auf eine Papiertüte geschrieben. Der Verfasser ist unbekannt.

Sie haben aus Versehen
Ihr Geld in meine
Maschine ($\neq$4) gesteckt
Ich habe aus Versehen
Mein Geld in eine andere
Maschine ($\neq$6) gesteckt
Ich habe absichtlich
Ihre Wäsche in die
Leere Maschine gesteckt,
Die voll Wasser und ohne
Wäsche war

Sie war einsam.

Witwenklage

Es ist noch nicht kalt genug,
um zu den Nachbarn zu gehen
und Brennholz zu borgen.

Die Wermutbrüder auf dem Potrero Hill

Und ja, sie holen
sich ihre Flaschen
aus einem kleinen
Laden in der Umgebung.
Der alte Russe
verkauft ihnen Portwein
ohne moralischen
Kommentar. Sie
setzen sich unter
die grünen Büsche,
die an den Holztreppen
entlang wachsen.
Sie könnten fast
exotische Blumen sein,
so still sind sie
beim Trinken.

Der erste Winterschnee

Oh, hübsches Mädchen, du hast dich
im verkehrten Körper verfangen. Zwanzig
Pfund zuviel hängen wie ein schwerer
Wandbehang an deiner Schönheit.

Vor drei Monaten warst du wie ein
Reh, das den ersten Winterschnee anstarrt.

Und jetzt macht Aphrodite dir eine lange Nase
und tratscht hinter deinem Rücken.

Überraschung

Ich heb die Klobrille hoch
    als wäre sie das Nest eines Vogels,
und ich seh überall
    auf dem Schüsselrand Katzenspuren.

Jedesmal wenn du weggehst

Jedesmal wenn du weggehst
ist es wie eine Erweiterung
der Hindenburg:
dieses große Luftschiff, das 1937
in mittelalterlichen Flammen
wie eine brennende Burg über
New Jersey explodierte.
Wenn du gehst, senkt sich
der Schatten der Hindenburg aufs Haus
und nimmt deinen Platz ein.

Liebesgedicht

Es ist so schön
morgens ganz allein
aufzuwachen
und keinem sagen zu müssen,
daß man ihn liebt,
wenn man ihn nicht mehr
liebt.

Am California Institute of Technology

Es ist mir egal wie gottverdammt gescheit
diese Burschen sind: mir ist es langweilig.

Es regnet schon den ganzen Tag wie verrückt,
und es gibt nichts zu tun.

Geschrieben am 24. Januar 1967
als Gastdichter am California
Institute of Technology.

Eine Dame

Ihr Gesicht haftet an ihrem Mund
wie ein Blatt an einem Baum
oder ein Reifen auf einem Highway
oder ein Löffel an einer Suppenschüssel.

Sie kann sich einfach kein
    Lächeln abringen,
    die Ärmste.

Ganz gleich was passiert,
ihr Gesicht ist immer
    eine Ahorn-Highway 101-Tomate.

Landkartendusche
für Marcia

Ich möchte, daß mich
dein Haar mit Landkarten
neuer Orte bedeckt,

damit überall, wo ich
hinkomme, alles so schön ist
wie dein Haar.

Eine Postkarte aus Chinatown

Die Chinesen rauchen Opium
in ihren Badezimmern.
Sie gehen alle ins Badezimmer
und schließen die Tür ab.
Die Alten sitzen in der Wanne
und die Kinder sitzen
auf dem Fußboden.

30. Dezember

Morgens um halb zwei riecht
ein Furz wie eine Ehe zwischen
einer Avokado und einem Fischkopf.

Ich muß raus aus dem Bett
um das hier (ohne Brille)
aufzuschreiben.

Die Halmaspieler

Als ich sechs Jahre alt war
spielte ich immer Halma
    mit einer Frau,
die dreiundneunzig Jahre alt war.
Sie lebte allein
in ihrer Wohnung am anderen Ende
    des Flurs.
Wir spielten immer Montag
und Donnerstag abends Halma.
Und beim Spielen erzählte sie
von ihrem Mann,
der schon seit siebzig Jahren tot war,
und wir tranken Tee und aßen Plätzchen
    und schwindelten.

Haiku-Ambulanz

Ein Stück grüne Paprikaschote
fiel
aus der hölzernen Salatschüssel:
na und?

Samstag, 25. August 1888, 17.20^{h}

Samstag, 25. August 1888, 17.20^{h} –
so heißt ein Photo von zwei
alten Frauen in einem Vorgarten, neben
einem weißen Haus. Eine der Frauen
sitzt auf einem Stuhl mit einem Hund
auf dem Schoß. Die andere schaut auf
ein paar Blumen. Vielleicht sind die Frauen
glücklich, aber schließlich ist es Samstag,
25. August 1888, 17.21^{h}, und alles ist vorbei.

Trauerarbeit

Ich fühl mich fürchterlich. Sie liebt
mich nicht, und ich zieh durchs
Haus wie eine Nähmaschine
die gerade einen Scheißhaufen
an einen Mülltonnendeckel genäht hat.

Der Galiläa-Tramper

Der Galiläa-Tramper
Teil 1

Baudelaire fuhr
in einem Model A Ford
durch Galiläa.
Er nahm einen
Tramper namens
Jesus mit,
der zwischen einem Schwarm
Fische stand
und Brot
verfütterte.
»Wo fahren Sie
hin?« fragte
Jesus, als er
sich auf den
Beifahrersitz setzte.
»Irgendwo, irgendwohin
raus aus dieser Welt!«
rief
Baudelaire.
»Ich fahr mit
Ihnen bis
Golgatha«,
sagte Jesus.
»Ich hab eine
Konzession
für den Jahrmarkt
dort, und ich
darf mich nicht
verspäten.«

Das American Hotel
Teil 2

Baudelaire saß mit einem
Wermutbruder in einem Hauseingang
im Spelunkenviertel San Franciscos.
Der Wermutbruder war eine Million
Jahre alt und konnte sich noch an
Dinosaurier erinnern.
Baudelaire und der Wermutbruder
tranken Petri Muskateller.
»Man muß immer betrunken sein«,
sagte Baudelaire.
»Ich wohne im American Hotel«,
sagte der Wermutbruder. »Und ich kann mich noch
an Dinosaurier erinnern.«
»Geh hin und sei unaufhörlich betrunken«,
sagte Baudelaire.

1939
Teil 3

Baudelaire kam immer
zu uns und schaute
mir zu wie ich Kaffee mahlte.
Das war 1939
und wir lebten in den Slums
von Tacoma.
Meine Mutter tat
die Kaffeebohnen in die Mühle.
Ich war ein Kind
und drehte die Kurbel
als wäre die Mühle
        ein Leierkasten,
und Baudelaire tat so
als wäre er ein Affe,
hüpfte auf und ab
und streckte eine Blechtasse
in die Gegend.

Die Flowerburger
Teil 4

Baudelaire machte einen
Hamburgerstand
in San Francisco auf,
aber er legte Blumen
in die Brötchen.
Die Leute kamen herein
und sagten: »Geben Sie mir
einen Hamburger mit viel
Zwiebeln drauf.«
Baudelaire gab ihnen
dann stattdessen einen
Flowerburger, und die Leute
sagten dann: »Was ist
denn das für ein
Hamburgerstand?«

Die Stunde der Ewigkeit
Teil 5

»Wenn die Chinesen
die Uhrzeit wissen wollen,
schauen sie in die Augen
von Katzen«,
sagte Baudelaire
und ging in
ein Juweliergeschäft
in der Market Street.
Er kam ein paar Augenblicke darauf
wieder heraus
und trug eine
Siamkatze mit
einundzwanzig Steinen,
die am Ende
einer goldenen Kette
hing.

Salvador Dali
Teil 6

»Ißt du jetzt
deine Suppe
oder ißt du
sie nicht,
du verdammter alter
Wolkenhändler?«
schrie
Jeanne Duval
und schlug Baudelaire
auf den Rücken
als er wieder
tagträumend
am Fenster saß.
Baudelaire war
ganz verdutzt.
Dann lachte er
wie verrückt,
schwang seinen Löffel
durch die Luft
wie einen Zauberstab,
verwandelte das Zimmer
in ein Bild
von Salvador
Dali, verwandelte
das Zimmer
in ein Bild
von Van Gogh.

Ein Baseballspiel
Teil 7

Baudelaire ging
zu einem Baseballspiel,
kaufte sich ein Hot dog
und steckte sich eine Opium-
pfeife an.
Die New York Yankees
spielten gegen
die Detroit Tigers.
Im vierten Spiel
beging ein Engel
durch einen Sprung
von einer tiefhängenden Wolke
Selbstmord.
Der Engel landete
am zweiten Standmal,
und das
ganze Innenfeld
zerbarst wie
ein riesiger Spiegel.
Das Spiel wurde
wegen
drohender Panik
abgebrochen.

Irrenhaus
Teil 8

Baudelaire ging
als Psychiater
verkleidet
ins Irrenhaus.
Er blieb
zwei Monate,
und als er ging
mochte ihn das
Irrenhaus so sehr,
daß es ihm durch
ganz Kalifornien
folgte,
und Baudelaire
lachte, wenn sich
das Irrenhaus
an seinem Bein
rieb wie eine
seltsame Katze.

Meine Insektenbeerdigung
Teil 9

Als ich ein Kind war
hatte ich einen Friedhof
auf dem ich Insekten und tote
Vögel unter einem Rosenstock
beerdigte.
Ich begrub die Insekten
in Stanniol und Streichholzschachteln.
Ich begrub die Vögel
in roten Stoffstücken.
Es war alles sehr traurig
und ich weinte immer,
wenn ich die Erde
mit einem Löffel in ihre
kleinen Gräber schaufelte.
Baudelaire kam immer
zu meinen
Insektenbeerdigungen
und sprach kleine Gebete
in der Größe
toter Vögel.

San Francisco
Februar 1958

Meine Nase wird alt

Ja.
Ein langer träger Septemberblick
in den Spiegel zeigt mir,
daß es stimmt:

Ich bin 31
und meine Nase wird
alt.

Es beginnt ungefähr einen
Zentimeter
unter dem Nasenbein
und zieht sich geriatrisch
nach unten hin,
noch zwei Zentimeter oder so:
dann hört es auf.

Glücklicherweise ist der Rest
der Nase verhältnismäßig
jung.

Ich frage mich, ob die Mädchen
mich noch wollen mit einer
alten Nase.

Ich kann sie jetzt schon hören,
diese herzlosen Luder!

»Er sieht gut aus,
aber seine Nase
ist alt!«

Ich lebe im zwanzigsten Jahrhundert

für Marcia

Ich lebe im zwanzigsten Jahrhundert
und du liegst hier neben mir. Du
warst unglücklich als du einschliefst.
Es gab nichts, was ich dagegen tun
konnte. Ich war hilflos. Dein Gesicht
ist so schön, daß ich es in einem fort
beschreiben muß, und ich kann nichts
tun, um dich wieder froh zu machen, während
du schläfst.

Das Schloß der Kormorane

Hamlet mit
einem Kormoran
unter dem Arm
heiratete Ophelia.
Sie war noch naß vom Ertrinken.
Sie sah aus wie
eine weiße Blume
die zu lange
im Regen
gestanden hat.
Ich liebe dich,
sagte Ophelia,
und ich liebe
den dunklen
Vogel, den du
in deinen
Armen hältst.

Albion-Frühstück

für Susan

Letzte Nacht bat mich ein langes hübsches Mädchen
(hier) ein Gedicht über Albion zu schreiben,
damit sie es in eine schwarze Mappe stecken könnte,
auf der in sauberen weißen Buchstaben
Albion geschrieben ist.

Ich sagte ja. Sie ist jetzt weg
und holt etwas zum Frühstück.
Ich werde sie mit dem Gedicht hier überraschen,
wenn sie zurückkommt.

3. November

Ich sitze in einem Café
und trinke eine Cola.

Eine Fliege schläft
auf einer Papierserviette.

Ich muß sie aufwecken,
damit ich meine Brille putzen kann.

Da drüben sitzt ein hübsches Mädchen,
das ich anschauen will.

Der Postbote

Der Geruch
von Gemüse
an einem kalten Tag
vollzieht gewissenhaft einen realen Akt
wie ein Ritter auf der Suche nach dem Gral
oder ein Postbote auf einer ländlichen Route,
der nach einer Farm sucht, die nicht da ist.
Karotten, Paprika und Beeren.
Nerval, Baudelaire und Rimbaud.

1942

Pianobaum, spiel
in den dunklen Konzertsälen
meines Onkels,
sechsundzwanzig Jahre alt, tot
und auf dem Weg nach Hause
auf einem Schiff aus Sitka,
sein Sarg ist
wie die Finger
Beethovens, die über
den Rand eines
Weinglases
fahren.

Pianobaum, spiel
in den dunklen Konzertsälen
meines Onkels,
eine Legende meiner Kindheit, tot,
sie schicken ihn zurück
nach Tacoma.
In der Nacht ist sein Sarg
wie die Vögel,
die unter dem Meer fliegen
und nie den Himmel berühren.

Pianobaum, spiel
in den dunklen Konzertsälen
meines Onkels
nimm sein Herz
als Geliebte
und nimm seinen Tod
als Bett, und schick ihn nach Hause
auf einem Schiff aus Sitka
damit er da begraben wird
wo ich geboren bin.

Linearer Abschied, nicht linearer Abschied

Als er zur Tür rausgegangen ist,
hat er gesagt, er käm' nicht mehr zurück,
aber er ist wiedergekommen, der Schweine-
hund, und jetzt bin ich schwanger,
und er macht sich hier breit
und kriegt seinen Arsch nicht mehr hoch.

Paarungsspeichel

Ein Mädchen in einem grünen Mini-
rock, nicht sehr hübsch, geht
die Straße hinunter.

Ein Geschäftsmann bleibt stehen, dreht
sich um und starrt ihren Hintern an,
der aussieht wie ein verschimmelter
Kühlschrank.

Zur Zeit leben 200.000.000 Menschen
in Amerika.

Die Pille gegen das Grubenunglück von Springhill

Wenn du deine Pille nimmst
ist es wie ein Grubenunglück.
Ich muß an all die Leute denken,
die in dir umkommen.

Das Naturgedicht

Der Mond
ist Hamlet
auf einem
Motorrad.
Er kommt eine
dunkle Straße
herunter.
Er trägt
eine schwarze
Lederjacke und
Stiefel.
Ich werde
nirgendwo
erwartet.
Ich fahre
die ganze Nacht
durch.

Stonehenge Stroganoff

Wir kochen heute abend groß.
Ich mache eine Art Stonehenge
Stroganoff.
Marcia hilft mir dabei. Ihr
kennt schon die Legende
ihrer Schönheit.
Ich hab sie gebeten, Knoblauch
ins Fleisch zu reiben. Sie nimmt
jedes einzelne Stück Fleisch
und reibt es zärtlich mit Knoblauch ein.
Ich hab so etwas noch nie
gesehen. Jede Öffnung
im Fleisch wird erforscht, unnachlässig
mit Knoblauch behandelt.
Hier wird eine Leidenschaft spürbar, die
einen tauben Heiligen dazu bringen könnte
Violine zu lernen und in Stonehenge
Beethoven zu spielen.

In einem Café

Ich sah einen Mann in einem Café, der eine Brotscheibe faltete als würde er eine Geburtsurkunde falten oder die Photographie einer Geliebten anschauen.

Aus:
Rommel Drives on
Deep into Egypt

Rommel dringt tief nach Ägypten vor.

– Schlagzeile des *San Francisco Chronicle* vom 26. Juni 1942

Rommel ist tot.
Seine Armee ist bei den Treibsandlegionen
der Geschichte, wo Schlachten immer
ein metallisches Echo sind,
das scheppernd vor einem rostigen
Schatten salutiert.
Seine Panzer sind weg.
Wie gehts deinem Arsch?

Erinnerungen an Jesse James

Ich weiß noch alle die Tausende von Stunden,
die ich in der Grundschule auf die Uhr geschaut
und auf die Pause oder das Mittagessen gewartet habe
oder darauf, nach Hause zu gehen.
Warten: auf alles, nur nicht auf die Schule.
Meine Lehrer hätten leicht mit Jesse James
reiten können,
wenn man die Zeit bedenkt, die sie mir
gestohlen haben.

15%

Sie versucht Sachen aus Männern herauszuholen,
die sie nicht bekommen kann, weil sie nicht
15% hübscher ist.

Kritischer Büchsenöffner

Mit diesem Gedicht stimmt
was nicht. Können Sie's
finden?

Abalonencurry

Jedes Jahr zu Weihnachten eß ich bei Michael, und er kocht immer Abalonencurry. Es dauert lange, weil es so gut schmeckt, und der Nachmittag vergeht sehr angenehm in seiner Küche, die in der Mitte zwischen Indien und Atlantis liegt.

Kannibalischer Zimmermann

Er will dir ein Haus bauen
aus deinen eigenen Knochen, aber
da wohnst du doch
schon!
Wenn er das nächste Mal anruft,
schickst du das Geräusch von der
Geburt deiner Großmutter durchs
Telefon. Das waren dreiundzwanzig
Stunden Wehen im Jahre 1894. Er hängt
auf.

Ja, ich möchte den Verlagsprospekt gern haben:

Meine Anschrift lautet:

____

____

____

Eines unserer Lieblingsbücher:

Hier wird das komplette Alte Testament rasant runtererzählt. Mit Spaß und Spannung, »Sex and Crime«, für Christen und Nichtchristen. »Dieser unheilige Knüller« (Münchner Merkur) »fasziniert wie ein Gute-Nacht-Krimi« (Die Zeit). Der neue Weg zur alten Bibel, 848 heitere Seiten lang. **Nur 16,80 DM**

Eine Leseorgie!

Eichborn Verlag
(, der mit der Fliege)

Sachsenhäuser
Landwehrweg 293

D-6000 Frankfurt 70

Ja.

Wir verstehen uns, im besten Sinne, als »Publikums-Verlag«. Weil wir Bücher machen, die wir gerne mögen.
Literatur und Sachbuch, Bildbände und Satire. Aktuelles und Klassisches, vom Nonsens bis zum Tiefschürfen. Das Programm ist so bunt und widersprüchlich wie wir selbst.
Genau betrachtet, sitzen wir zwischen allen Stühlen (und fühlen uns dabei sehr wohl): Linken sind wir nicht links und Grünen nicht grün genug, Konservativen viel zu links und zu frech, Intellektuellen nicht intellektuell und Weltverbesserern nicht pädagogisch genug. Na undsoweiter. Weil wir es niemandem recht machen wollen.
Wir sind neugierig. Aufmüpfig. Unbequem. Wir finden nichts schlimmer als Langeweile. Mögen nicht die Weltuntergangs-Larmoyanz. Wir wollen Bäumchen pflanzen. Und auch noch Spaß dabei haben.

Neugierig geworden?

Dies Kärtchen lesbar mit Absender versehen, frankieren und zur Post. Dann kommt unser Verlagsprospekt, »Querkopf« heißt er, und erzählt mehr über unsere Bücher.

—2

Jeder will mit jedem ins Bett
gehen. Sie stehen ganze Blocks
weit Schlange, also geh ich
mit dir ins Bett. Sie werden uns
nicht vermissen.

Zärtliche Glühbirne

Ich habe eine matte Long-Life 75 Watt
Harmony House Glühbirne in meiner Toilette.
Ich wohne jetzt schon seit über zwei Jahren
in derselben Wohnung
und die Birne brennt unentwegt immer weiter.
Ich glaube, sie mag mich sehr gerne.

Die Geschichte Boliviens

»Butch ist nicht in Bolivien gestorben. Er kam
wieder heim nach Utah – ich hab ihn da gesehen.
Sundance Kid haben sie in Bolivien umgebracht,
und es hat Butch sehr mitgenommen,
daß er ihn da zurücklassen mußte.«

Urwaldschatten

He taught me to love him
and called me his flower

Eine alte Frau preßt eine Tüte Lebensmittel an ihre Brust. Ein Wecken Weißbrot steht oben raus. Sie hat vergessen, ihre Rabattmarken einzustecken. Sie sind noch in ihrer Hand.

Hübscher Hintern

Es ist soviel verloren
und soviel gewonnen mit
diesen Worten.

Alle Mädchen sollten ein Gedicht haben

für Valerie

Alle Mädchen sollten ein Gedicht haben,
das nur für sie geschrieben ist, und wenn
wir dazu diese gottverdammte Welt
auf den Kopf stellen müssen.

New Mexico
16. März 1969

Wir hielten an herrlichen Tagen

Wir hielten an herrlichen Tagen
und stiegen aus dem Auto.
Der Wind warf einen Blick auf ihr Haar.
So einfach war das.
Ich drehte mich um, um was zu sagen –

30 Cent, zwei Fahrscheine, Liebe

Ich hab an dich gedacht
als ich in den Bus stieg
und ich gab dem Fahrer
30 Cent und verlangte
    zwei Fahrscheine
bevor ich merkte, daß ich
    allein war.

Restaurant

Zerbrechlich, verblühend und 37,
sie trägt ihren Ehering wie eine Trance
und starrt in ihre leere Kaffeetasse
als schaute sie in den Schnabel eines toten Vogels.
Das Essen ist vorbei. Ihr Mann ist auf die Toilette
gegangen. Er wird bald wieder zurück sein, und dann
    ist die Reihe an ihr
    auf die Toilette zu gehen.

7. April 1969

Ich fühl mich heut so mies,
daß ich ein Gedicht schreiben möchte.
Egal was für eins: irgendeins, dieses
hier.

Diät

Hübsch – bis auf die
Einstichstellen in ihrem
Arm. Und ein bißchen dünn
ist sie auch.

Der schreckfarbene Schatten einer verängstigten Ameise

Der schreckfarbene Schatten einer verängstigten
Ameise
will mit dir Freundschaft schließen, alles über deine
Kindheit wissen, will mit dir weinen und mit dir
leben.

17. Januar

Ich trinke Wein heut nachmittag
und merke, die Tage werden
länger.

Farbe zu Anfang

Was soll denn Liebe –
sterben möcht ich
in deinem gelben
    Haar.

Meine Besorgnis um deine Tomaten

Ich seh mir deine Tomaten an.
Du bist nicht damit zufrieden, wie sie wachsen,
und ich bins auch nicht.
Ich überlege, wie man ihnen helfen kann.
Ich betrachte sie. Was weiß ich von Tomaten?
»Vielleicht ein bißchen Nitrat?« schlage ich vor.
Aber ich weiß nichts, und jetzt fang ich schon an,
über sie zu klatschen. Ich bin genauso schamlos
wie ihr Mangel an Wachstum.

Jetzt kommen unsere Körper doch zusammen

Jetzt kommen unsere Körper doch zusammen.
Du hast bestimmt nicht gedacht, daß das
noch passieren würde. Ich auch
nicht. Es ist eine angenehme
Überraschung.

Rehspuren

Schön, schluchzend, mit großer Übersetzung bumsen
und dann still daliegen wie Rehspuren
im Neuschnee neben der, die
du liebst. Das ist alles.

Aus:
Loading Mercury with a Pitchfork

Quecksilber mit einer Heugabel aufladen

Quecksilber mit einer Heugabel aufladen –
und dein Laster ist fast voll. Die Nachbarn
sind einigermaßen stolz auf dich. Sie
stehen herum und schauen zu.

Zwei Typen steigen aus einem Auto

Zwei Typen steigen aus einem Auto.
Sie bleiben daneben stehen. Sie
wissen nicht, was sie noch machen sollen.

3. Januar

Ich hab mit einem Fehler angefangen,
aber ich will mich bessern
und den Tag in die richtige Ordnung bringen.

Sie haben es wirklich gut

Sie haben es wirklich gut,
sie trinken Wein
und reden über Sachen,
die sie mögen.

Wir treffen uns. Wir versuchen es.

Wir treffen uns. Wir versuchen es.
Nichts passiert, aber
hinterher sind wir immer verlegen,
wenn wir uns sehen. Wir schauen weg.

Direkt neben dem Morgenkaffee

Wenn ich das jetzt noch hinschreibe,
hab ichs morgen früh wieder da.
Die Frage ist: will ich
den Tag wirklich damit
    anfangen?

Aus Angst, allein zu sein

Aus Angst, allein zu sein
machst du so viele Sachen
die überhaupt nicht du sind.

Schlachtroß

Es steht allein auf einer Weide,
aber keiner kann es sehen.

Es ist vor lauter Wunden
unsichtbar geworden.

Ich weiß, wie ihm zumute ist.

3. September
Die Dr. William Carlos Williams
Fehlleistung

Letzte Nacht wurde ich schwer von Schlaflosigkeit geplagt,
und Vergangenheit, Gegenwart und Zukunft kamen daher en gros und en détail
wie–: der ganze Scheiß, der uns dauernd durch den Kopf geht! Dann fiel mir ein, daß Dr. William Carlos Williams Geburtstag hatte, und ich fühlte mich gleich besser, fast bis zum Morgen.

Notiz:

Der 3. September ist nicht
der Geburtstag von
Dr. William Carlos Williams.
Es ist der Geburtstag
einer Freundin.
Dr. William Carlos Williams
wurde am 17. September 1883 geboren.

Interessante Fehlleistung.

Was ist passiert?

Du warst das hübscheste Mädchen
in deiner Abschlußklasse an der Highschool
1927.

Und jetzt hast du kurze blaue Haare
und niemand mag dich,
nicht einmal deine eigenen Kinder.

Sie mögen dich nicht um sich haben,
weil du ihnen auf die Nerven gehst.

Ich komm ganz langsam über dich

Ich komm ganz langsam über dich
so als hättest du
im Traum ein Picknick.
Es werden keine Ameisen da sein.
Es wird nicht regnen.

Sexueller Unfall

Der sexuelle Unfall
der dann deine Frau wurde,
die Mutter deiner Kinder
und das Ende deines Lebens,
ist zuhause und kocht Essen
für alle deine Freunde.

Schon mal dagewesen?

Ich kann an deinen Augen sehen, daß ich
die falsche Frage gestellt habe.
Sie sind verwirrt und sehen weg. Wir wechseln
das Thema.

Der Amelia Earhart Pfannkuchen

Ich kann einfach kein Gedicht finden
für diesen Titel. Ich hab jahrelang
nach einem gesucht, und jetzt geb ich
auf.

3. November 1970

Wir sind in einer Küche

Wir sind in einer Küche
in Santa Fe, New Mexiko.
Schinken brät in der Pfanne.
Er riecht wie jemand
in einem guten Film, den man mag.
Ein sehr schönes Mädchen behält
den Schinken im Auge.

Die letzte Überraschung

Die letzte Überraschung ist, wenn du allmählich merkst, daß dich nichts mehr überrascht.

Eine Heldin für die Zeitmaschine

Wenn man ihr mit fünfzehn gesagt hätte,
daß sie mit zwanzig mit einem glatzköpfigen Mann
ins Bett gehen und Spaß dran haben würde,
hätte sie das für sehr weit hergeholt gehalten.

Gruppenbild ohne die Löwen

Maxine
Teil 1

Keine Party ist
vollständig
ohne dich.

Alle
wissen das.

Die Party
beginnt, wenn
du ankommst.

Robot
Teil 2

Robot schläft gern
an langen trägen Sommernachmittagen.
Seine Freunde auch,
und die Sonne spiegelt sich
in ihnen wie in Blechdosen.

Fred hat sich Schlittschuhe gekauft
Teil 3

Fred hat sich Schlittschuhe gekauft.
Das war vor zwanzig Jahren.
Er hat sie immer noch, aber er
läuft nicht mehr damit.

Calvin hört den Seesternen zu
Teil 4

Calvin hört den Seesternen zu.
Er hört ihnen sehr genau zu.
Er hat seine Sachen an
und liegt tropfnaß
bei Ebbe in den Tümpeln,
aber hört er ihnen wirklich zu?

Liz schaut sich im Spiegel an
Teil 5

Sie ist sehr deprimiert.
Heute ist alles schiefgegangen,
und sie glaubt nicht, daß
sie wirklich da ist.

Doris
Teil 6

Heute morgen hat es
an die Tür
geklopft. Du gingst hin.
Der Postbote stand
da. Er schlug dir ins
Gesicht.

Ginger
Teil 7

Sie freut sich,
daß Bill
sie mag.

Vicky schläft mit toten Leuten
Teil 8

Vicky schläft draußen im Wald
mit toten Leuten, aber am Morgen
kämmt sie sich immer die Haare.
Ihre Eltern verstehen sie nicht.
Und sie versteht ihre Eltern nicht.
Sie geben sich Mühe. Sie gibt sich Mühe.
Die toten Leute geben sich Mühe. Sie werden es
alle eines Tages noch schaffen.

Betty macht wunderbare Waffeln
Teil 9

Das finden
alle.

Claudia/1923–1970
Teil 10

Ihre Mutter lebt noch.
Sie ist 65.

Ihre Großmutter lebt noch.
Sie ist 86.

»Die Leute in meiner Familie
leben alle sehr lange!«
–sagte Claudia immer
und lachte.

Es war schon eine mächtige Überraschung
für sie.

Walter
Teil 11

Jede Nacht: kurz bevor er einschläft
hustet Walter immer. Er hat noch nie
mit jemand anderem in einem Zimmer geschlafen,
und er glaubt, alle Leute husten kurz bevor sie
einschlafen. Das ist seine Welt.

Morgan
Teil 12

Morgan wurde 1931 bei der Schulsprecherwahl
an seiner Highschool zweiter.
Er hat sich nie davon erholt.
Danach interessierten ihn Menschen
nicht mehr. Es war kein Verlaß auf sie.
Er arbeitet jetzt schon seit über dreißig Jahren
als Nachtwächter in derselben Fabrik.
Mitternachts geht er zwischen den
schweigenden Maschinen herum.
Er tut als wären sie seine Freunde, und sie
können ihn gut leiden. Sie hätten für ihn
gestimmt.

Molly
Teil 13

Molly hat Angst, auf den Dachboden zu gehen.
Sie hat Angst, hinaufzugehen
und die Schachteln mit Kleidern zu sehen
die sie vor zwanzig Jahren anhatte,
    sie hat Angst,
    daß sie dann weinen muß.

»Ah, große Erwartungen!«
Teil 14

Sam hat die Neigung, in jeder Unterhaltung
mindestens drei- oder viermal zu sagen: »Ah,
große Erwartungen!« Er ist zwölf Jahre alt.
Keiner weiß, was er meint, wenn
er das sagt. Manchmal gibt es den Leuten
ein ungutes Gefühl.

Viel Glück, Captain Martin

Viel Glück, Captain Martin
Teil 1

Wir winkten alle, als sein Schiff abfuhr. Die alten Leute weinten. Die Kinder waren unruhig.

Zugänge
Teil 2

Die Leute schaffen sich ständig Zugänge zu sich und Zugänge zu Zugängen. Sie kommen zu sich durch Häuser, Bowlingbahnen und Planetarien, Restaurants, Kinos, Büros, Fabriken, Berge und Waschsalons etc., Zugänge zu Zugängen etc., und sie begleiten sich selber.

Captain Martin schaut
den Wellen zu.

Das ist sein Zugang
zu sich.

Die Flasche
Teil 3

Ein Kind steht regungslos da.
Es hält eine Flasche in der Hand.
In der Flasche ist ein Schiff.
Das Kind starrt es mit weiten
Augen an.
Es überlegt, wohin ein winziges Schiff
segeln kann, wenn es in einer Flasche
gefangengehalten wird.
In fünfzig Jahren wirst du es
herausfinden, Captain Martin,
denn das Meer (und wenn es noch so groß ist)
ist auch nur eine Flasche.

Sturmwarnung für kleine Schiffe
Teil 4

Sturmwarnung für kleine Schiffe
bedeutet Captain Martin nichts
. . . nichts . . .
wie jemand, der absichtlich
nicht aus dem Fenster schaut,
so daß das Fenster leer bleibt.

Berühmte Leute und ihre Freunde
Teil 5

Berühmte Leute und ihre Freunde
kommen an Orte, die nur
der Phantasie zugänglich sind.

Ich war vor zwei Tagen auf einer Party*
auf der auch jemand war,
der berühmt ist.

Als er ging, gingen fünf oder sechs Leute
mit ihm.

Es ging sehr aufgeregt zu, als sie
die Party verließen, so wie das immer ist.
Im Zimmer hing der dichte Atem
von Scheinwerfern, Schokoladeneis
und Privatjets.

Jeder wollte mit ihnen gehen
zu diesen geheimnisvollen Örtlichkeiten, zu Film-
studios etwa in Atlantis und zu Tanzsälen
auf der dunklen Seite unentdeckter Monde
wo alles passiert, und du bist
ein sehr wichtiger Teil davon,
und du bist dabei.

**Wo ist Captain Martin?*

Carol, die Bedienung,
erinnert sich noch
Teil 6

Ja, das ist der Tisch, an dem Captain Martin
saß. Ja, der da. Gleich am Fenster.
Er saß oft stundenlang allein
da und starrte aufs Meer hinaus. Er aß
immer einen Krapfen und trank eine Tasse Kaffee.
Ich weiß nicht, was er dauernd angeschaut hat.

Setzt den Kaffee auf, Bubbles, ich komm nach Hause
Teil 7

Alle kommen nach Hause
nur Captain Martin nicht.

Sekunden

Wenn man bedenkt, wie wenig Zeit wir haben
zum Leben und um über was nachzudenken, dann
hab ich grade die richtige Menge Zeit
für diesen Schmetterling
aufgewendet.

20

Ein warmer Nachmittag
Pine Creek, Montana
3. September.

Im Palast findet heute kein Unterricht statt.

Die Bänke sind stumm wie Grabsteine.
Die Tafel ist von Spinnweben überzogen.
Die Radiergummis ticken wie Bomben.
Die Pauseglocke hat sich in Schlamm verwandelt,
undsoweiter

Ich glaube, Sie sind jetzt im Bilde:
Im Palast findet heute kein Unterricht statt.

7. September

Die Kätzchen vom August

Die Kätzchen vom August sind jetzt Dreiviertel-
katzen
und alle Blätter sind von den beiden Bäumen am Bach
gefallen, die noch vor kurzem so viel Schatten gaben,
und die Jäger stellen jetzt die Visiere ein für:
Antilopen,
Rehe,
Bären,
Elche
und
Damwild.
Ich kann hören, wie sie ihre Flinten auf imaginäre
Ziele abfeuern, die bald wirkliche Ziele sein werden.
14. Oktober

P. S.

Niemand weiß,
was die Erfahrung wert ist

Niemand weiß, was die Erfahrung wert ist,
aber es ist besser als auf den Händen rumzusitzen,
sag ich mir immer.